柴犬まるの まる禅語

監修 武山廣道
臨済宗 白林禅寺住職
写真 小野慎二郎

RATIA

はじめに

禅語には禅者が自分で体験して実感した「悟りの境地」が書かれています。悟りとは真実の自己に目覚めること。「禅の境地」を手に入れれば、穏やかに生きられます。まるを見ていると、いつも穏やかな目で相手を見つめ、誰に対しても和やかに接しています。そんなまるに会いたくて、世界中から人が集まってきます。

穏やかに生きるヒントは「禅語」の中に紹介されています。今この瞬間を味わうこと、当たり前の毎日を大切にして、自由で前向きに取り組めば、穏やかな幸せがやってきます。

本書では、禅語の語句を身近な例を使って紹介しています。ぜひ自分なりの「悟り」を見つけて実践してください。

第1章　さあ、はじめよう

第2章　笑って、過ごそう

第3章　そんなに、悩まないで

第4章 思い切って、挑戦してみよう

第5章　いつも、一緒だよ

第6章 大丈夫、うまくいくよ

第1章

さあ、はじめよう

挨拶【あいさつ】

自分から、心をオープンに

まるは、とっても人懐っこい柴犬です。散歩中に誰かに出会ったときは、しっぽを振りながら、まあるい笑顔で駆け寄ります。

その姿はまるで「こんにちは！　まるです」と挨拶しているかのよう。

今では当たり前のように使われている「挨拶」という言葉。じつは禅の教えからきています。元々は、禅僧が禅問答をしながら相手の力量を見ることを意味していました。それが長いときを経て意味が変化し、今では「気持ちよく声をかけること」になっていますね。

1日の気持ちいいはじまりに、まるのように笑顔で挨拶してみませんか。

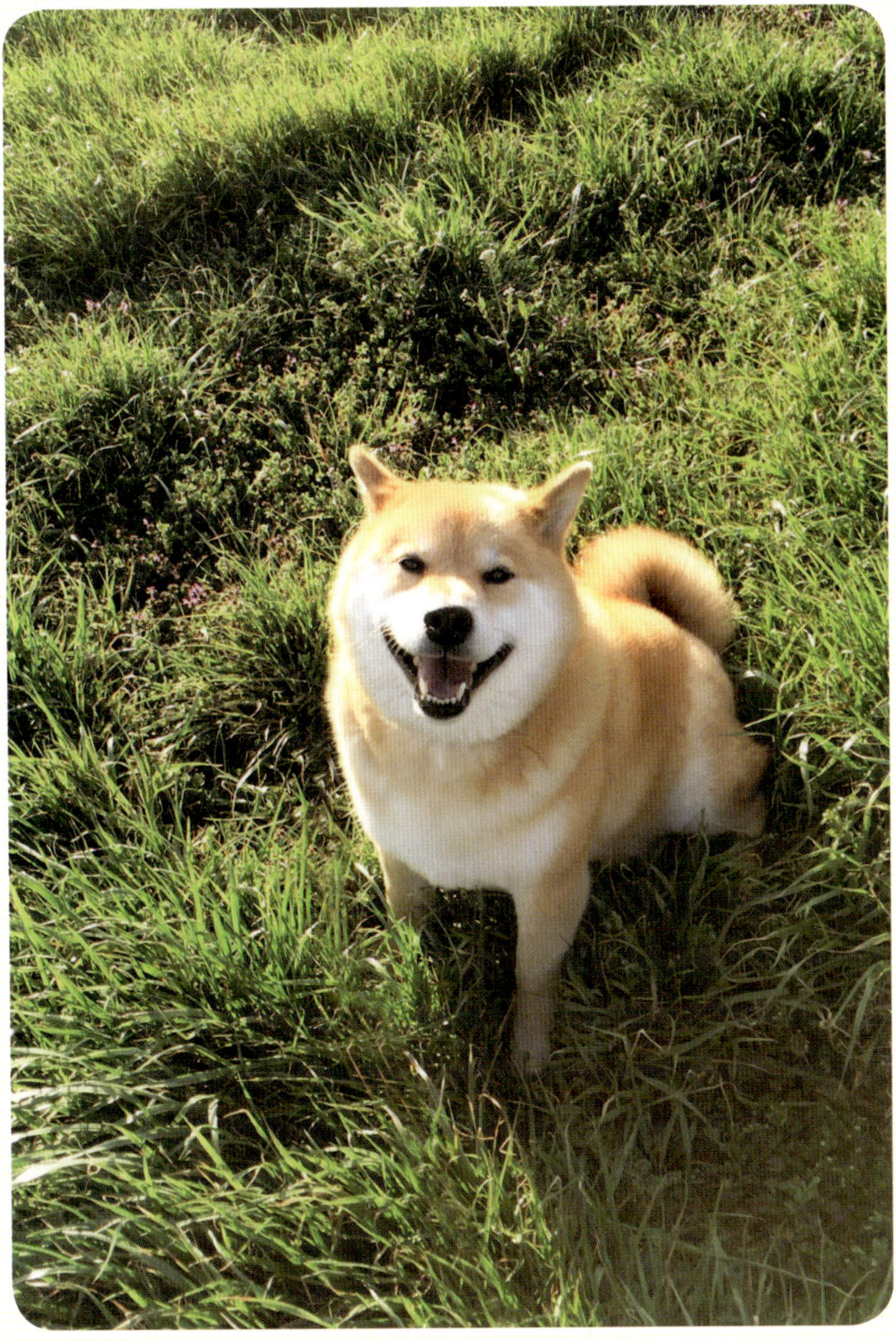

こんにちは、まるです

喫茶去【きっさこ】

温かい心でもてなそう

まるは、お客さんが大好き。お茶は飲まないけれど、会いに来てくれたお客さんとの「おやつタイム」は、ほっとする幸せな時間です。来てくれてありがとう。元気だった？　目を合わせて、リラックスして。お互いのことを感じます。

昔の中国の禅僧・趙州《じょうしゅう》和尚は、教えを授かろうと訪ねてきた修行僧たちに「お茶をどうぞ」としか言わなかったそうです。それは、男女や貧富、立場など分別なく、誰に対しても同じ真心で接する大切さを伝えています。

現代に生きる私たちは、どうしてもせっかちに過ごしがち。来てくれたお客さんをお茶でもてなしたい。そんな温かい心を忘れないでいたいものです。

まずはお茶でも

一期一会【いちごいちえ】

かけがえのない「出会い」を大切に

どんな出会いも、どんな機会も、一生に一度限りのもの。だからこそ、誠心誠意、目の前の人に向き合いたいものです。

「一期一会」はよく使われる言葉ですが、元は茶道の心得からきています。「どんな茶会であっても、今日の茶会は一度きりのもの。だからこそ、常に最善を尽くし、誠意を持ってもてなそう」というメッセージが込められているのです。

家族や友人、同僚などとの出会いも同じです。時間と空間が流転するため一度きりのものなのです。日常の出会いを当たり前だとぞんざいに扱うことなく、「今日ここでの出会い」に心を込めて接すると、その瞬間や関係が輝き出すかもしれません。

会えてよかった

我逢人
【がほうじん】

出逢いにワクワクしよう

「我、人と逢うなり」。シンプルなこの言葉は、人と出逢うことがすべてのはじまりであると説いています。

まるも、パパとの出逢いからすべてがはじまりました。一つの出逢いが、パパの生き方を変えるきっかけとなり、まるの写真は今日も世界中の人たちを勇気づけています。

今日の出逢いから、新しい何かが生まれるかもしれない。出逢いによって、一人ではできなかったことができるようになるかもしれない。それは、相手にとっても同じこと。出逢うことで、お互いにいい影響を与え合う…そんなポジティブな人付き合いをしていきたいものです。

すべては出逢いからはじまる

まると学ぶ、禅の教え❶

今この瞬間を味わう

禅では「今、ここで、私自身が、どうなんだ」をいつも問う。今、あなたの心の中はどうですか？　柴犬まるがいつも素直で一生懸命であるように。心をゼロにリセットしてこの瞬間を味わってみませんか。

脚下照顧

【きゃっかしょうこ】

足元にある幸せに気づく

自分の足元をよく見なさい、という禅の教えです。「履き物をそろえなさい」という礼儀作法の標語として使われることもあります。

物事がうまくいかないとき、私たちはつい他人のせいにしたり、うまくいっている人を妬んだりしてしまいます。そんなときこそ、いったん立ち止まり、自分の足元を見つめてみましょう。自分の置かれた環境を、冷静に振り返ってみるのです。

すべては、自分の足元を整える余裕から。今の自分のいる場所に意味があると思えば、当たり前の毎日が輝き出します。

砂を掘ったり、道端に咲いている花に気づく、まるのような視線を持てたらいいですね。

まずは足元を固めて

いろは【いろは】

基本が大事だよ

「いろはにほへと」ではじまる、かな文字の昔の並び順。その最初の3文字「いろは」は、「物事の基礎」を表す言葉です。禅の教えでは、基礎をしっかり積み上げることが大切だと説いています。

どんな物事でも、はじめてすぐに、おもしろさがわかるとは限りません。一見すると退屈な、基礎練習や準備が必要だったりします。「こんなことをしていて、何になるのだろう」と、投げ出したくなることもあるかもしれません。そんなときは、大切な「いろは」を積み重ねているのだと、考えてみてはいかがでしょう。

基礎を丁寧に

天上天下唯我独尊

【てんじょうてんげゆいがどくそん】

誰もが、かけがえのない存在

お釈迦様が生まれたときに唱えたと伝えられている言葉です。「世界中どこを探しても、私の代わりはいない。私という存在は、この命のままに尊い」という意味です。

このことは、お釈迦様に限ったことではありません。私たちそれぞれがみんな、一人ずつ尊い存在なのです。それは、地位やお金、才能のあるなしによって変わることではありません。

私たちは、自分自身にこの言葉を向けるだけでなく、人や動物、植物にも同じ気持ちで接することができる人でありたいものです。

みんなそれぞれが尊い

桃李不言下自成蹊

【とうりものいわざれども　したおのずからけいをなす】

人が集まる人になろう

魅力というものについて述べた、禅の言葉です。桃や李《すもも》の木は、何も言わず、ただじっとそこに立っています。しかし、その見事な花や果実に惹かれて人々が集まるため、気づけば木の下には道ができています。

人も同じで、お世辞を言って取り繕ったりしなくても、魅力的な人のまわりには自然と人が集まってくるのです。

まるのところにも、たくさんの人が集まります。それは、まるが何かをしてくれるからではありません。見ているだけで幸せになる、その笑顔。いつも笑顔でいることは、それだけで大きな魅力なのです。

まるに会いたくて

動物が出てくる禅語 ❶

趙州狗子

じょうしゅうくす

犬が登場する、有名な禅問答の一つがこの言葉です。「狗子《くし》」とは犬のことを指します。

あるとき、一人の修行僧が高名な趙州和尚に尋ねました。「犬にも仏性（仏になるべき性質）があるのでしょうか」。

その問いに対して、和尚は一言、「無」とだけ答えました。この答えの意味を巡って、さまざまな議論が巻き起こります。

仏教では、「あらゆるものに仏性が宿る」といわれています。その考えに従えば、犬にも仏性があるということになるでしょう。しかし、和尚の答えは「無」。和尚はもうろくしてしまったのでしょうか…。いえいえ、そんなことはありません。

和尚の「無」に込められた意味は、何でしょうか。「有る」「無い」の二元的な「無い」の意味の「無」ではありません。有無にとらわれない絶対無《ぜったいむ》の「む」を表したのです。和尚は修行僧にそう伝えたかったのかもしれません。

第2章

笑って、過ごそう

日々是好日【にちにちこれこうじつ】

いつだって、いい日！

まるは、いつだってゴキゲン。ときにはイヤイヤをしたり、怒ったりもするけれど、次の瞬間にはもう、笑顔になっています。その一方で私たちは、なんだかうまくいかないとき、「今日はツイていないなあ」「なんて悪い日だ」と引きずってしまいがち。

雲門《うんもん》禅師という禅僧は、「どんな日も大切な尊い日」だという意味を込め、「日々是好日」と言いました。

大きな失敗をしたって、誰かに悪く言われたって、次に成功するためのステップだと考えれば、「いい日」です。自分で自分の心をゴキゲンにして、楽しい気分で過ごせば、幸せは訪れるはずです。

まるはいつもゴキゲン

元気【げんき】

元気の輪を広げよう

人や動物、自然や物に宿る「気」が生き生きしていることを「元気」と言います。からだと心が元気だと、自然に笑みがこぼれます。誰かに話しかけたり、いろいろなことに積極的に行動してみたくなります。

ちょっと元気がないな、疲れているなと思ったら、まずはからだを休めましょう。少しずつ「気」が満ちてくるのを感じたら、誰かに話しかけたり、動物や自然と触れ合ったりしてみましょう。元気がわいてくるのを感じられるはずです。

元気な人がそばにいると、まわりの人も前向きなパワーをもらえます。元気は分け合うことができるのです。

元気ハツラツ？

知足【ちそく】

幸せはここにある

動物は、不平不満を口に出したりはしません。自分を誰かと比べたりもせず、いつもありのままの状態に満足しています。一方、人間はどうでしょうか。お金や地位、能力など、どれだけ手に入れても「もっと、もっと」と思っていませんか。その貪《むさぼ》りの心から解き放たれない限り、幸せを感じることはできません。

「今、この瞬間」に満ち足りていると感じ、自分の幸せに感謝することを「足るを知る」、「知足」と言います。

足りないものを数える前に、今あるものに目を向けてみましょう。きっと、心穏やかに過ごすことができるはずです。

満たされている?

晴耕雨読【せいこううどく】

うまくいかない日だってある

天気のいい日は田畑を耕し、雨が降れば家の中でゆっくり読書をする。昔の人は、自然に抗おうとせず、そのときどきで、自然と調和した暮らしを営んできました。

その一方、現代人は天気にも時間にも左右されず、いつでも忙しく動き回っています。しかし、人は機械ではないのですから、疲れている日も、落ち込んでしまう日もあるでしょう。

心の中が雨降りの日は、無理をしないで。ゆっくりお茶をいれて、好きな本を読みふけったり、ペットと一緒にお昼寝なんてしてみてはいかがでしょう。

そうすれば、きっと心が晴れる日もやってきます。

雨の日だってあるよね

行雲流水

【こううんりゅうすい】

まわりの状況に合わせる

雲や水は、まわりの状況に合わせて、その姿形を変えます。空を漂う雲は、山があるところでは二つに分かれますし、川の水は、岩にぶつかれば流れを変えます。

まるたち動物だって、そうです。うまくいかないことがあったとしても、いつまでもそのことにこだわってはいません。次の瞬間には気持ちを切り替えて、楽しいこと、ワクワクすることに目を輝かせています。

今、行き詰まりを感じているとしたら、一つのことに、こだわりすぎているのかもしれません。ときには成り行きまかせに、雲や水のような自在さで過ごしてみるのもいいかもしれません。

ときには流れにまかせて

まると学ぶ、禅の教え❷

当たり前の毎日を大切に

「ふだんの生活が修行」とする禅では、毎日の生活はとても意味のある素晴らしいこと。すべてのことは心の置き方次第で嫌になったりハッピーになったりする。そう思えば、日々の当たり前が光り輝いてくる。

一日不作一日不食

【いちにちなさざれば　いちにちくらわず】

頑張った分、ごはんがおいしい

百丈《ひゃくじょう》懐海《えかい》という中国の僧は、80歳を超えても畑仕事や掃除を怠らず、次のように言ったとされています。

「私に何もしなくていいと言うのなら、私は何も食べません」。

年老いて体が思い通りにならなくても、今の自分にできることを精一杯するべきだという、強い信念が垣間見えます。自分に役割を与え、それを怠らない。苦しいことのように思えるかもしれませんが、何もせずただ漫然と過ごすよりも、生活にハリが生まれます。一日一日を精一杯生きれば、その日のごはんをおいしくいただくことができるのです。

動いた分だけ食べよう

和光同塵

【わこうどうじん】

自慢するのではなく、役に立とう

「光を和らげて、塵《ちり》と同じように暮らす」という意味の言葉です。

光とは、優れている点のことで、人より秀でた能力や才能のことです。たとえ秀でた点があったとしても、それをひけらかさず、まわりと調和して、慎ましやかに生きていこうと説いています。

あなたに得意なことと苦手なことがあるように、ほかの人にも得意なことと苦手なことがあります。困っている人を見かけたら、力になってあげましょう。自分の得意なことを自慢したり、恩に着せたりするのではなく、ただぎりげなく、さっと手を差し伸べることができたらいいですね。

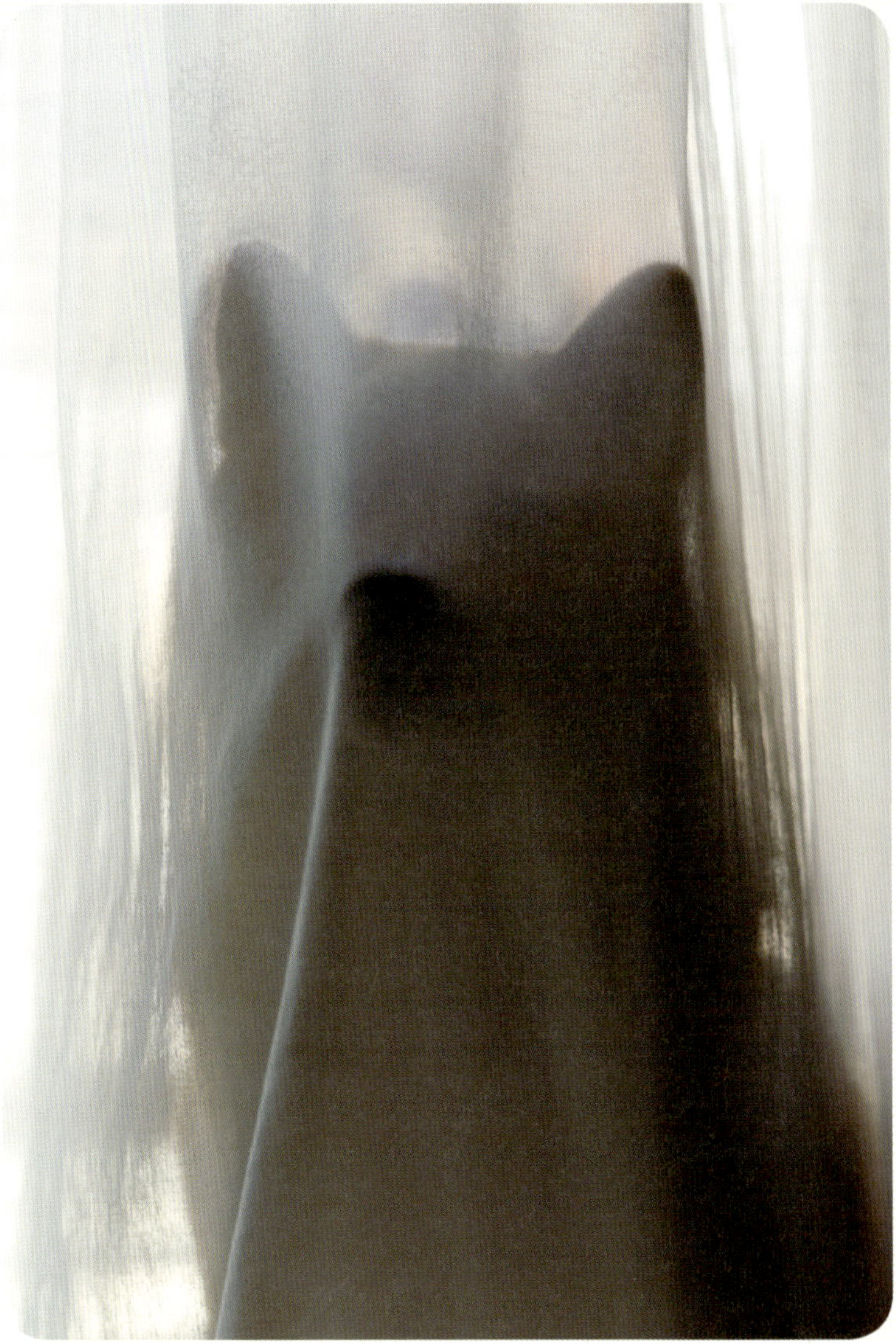

目立たぬように

歩歩是道場

【ほほこれどうじょう】

いつでもどこでも、学べる

「坐禅をしているときだけが修行なのではなく、日常生活のすべてが修行の場である」という教えです。

何かをはじめようとするとき、まずは形から入るという方法があります。しかし、形が整わなければできないと考えていると、いつまで経っても最初の一歩が踏み出せません。お金がないから、教えてくれる人がいないから。何かのせいにしていると、「できない言い訳」ばかりが増えてしまいます。たとえ道具や環境が整っていなくても、日常生活の中で学ぶことはできます。それはあなたの気持ち次第。

まるのように好奇心旺盛になって、まわりを見回して、新しいことをはじめてみませんか。

毎日が修行

主人公【しゅじんこう】

本当の私って？

物語などで中心になるキャラクターを「主人公」といいますが、じつは、この言葉は禅語からきたものです。

禅での主人公とは、「本当の自分」のこと。私たちの心の奥底にいる、変わらない自分自身のことです。唐の瑞巌《ずいがん》和尚は、毎日自分に向かって「主人公」と呼びかけて、本当の自分が目覚めているかどうか、確認していたそうです。

私たちは普段、さまざまな役割を背負っています。親として、先輩や後輩として、男性として、女性として…。しかし、その役割を果たすことばかり考えて、主人公を忘れてしまっていませんか。本当のあなたは今、何をしたいと思っていますか。

自分らしく

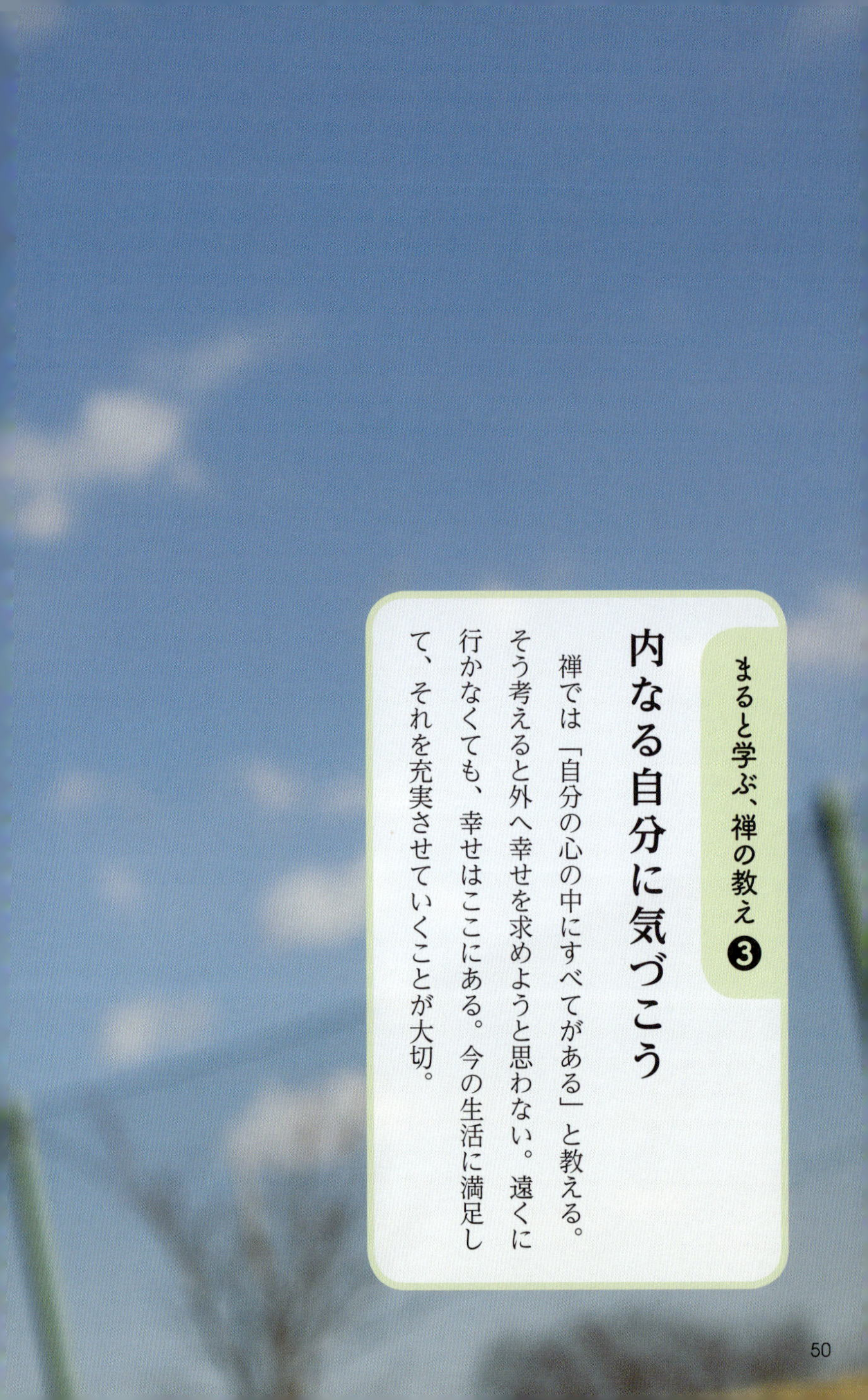

まると学ぶ、禅の教え❸

内なる自分に気づこう

禅では「自分の心の中にすべてがある」と教える。そう考えると外へ幸せを求めようと思わない。遠くに行かなくても、幸せはここにある。今の生活に満足して、それを充実させていくことが大切。

動物が出てくる禅語 ❷

百丈野狐

ひゃくじょうやこ

百丈懐海という和尚が説法をするとき、いつも聴いている一人の老人がいました。

あるとき、説法が終わっても老人が立ち去らないのを見て、和尚が声をかけたところ、老人は次のように言いました。

「私は人間ではありません。遠い昔、山寺の住職をしていたのですが、『修行を重ねた人でも因果の制約を受けて苦しむのか』と修行僧に尋ねられ、『因果の制約を受けない』と答えたら、野狐の姿に変えられてしまいました。そして五百回も狐に生まれ変わっているのです」。

この問いに答えることで自分を救ってほしいと懇願された和尚は、「因果の制約を味《くら》まさない」と答えました。

答えを聞いた老人は悟りを得て、野狐の姿から解放され、成仏することができたのでした。

このことから、悟っていないのに悟ったかのようにうぬぼれて人を欺く者の禅を「野狐《やこ》禅」と言うようになりました。

第3章

そんなに、悩まないで

安心【あんじん】

見えないものに怯《おび》えていない？

願かけのときに目を描き入れる、ダルマさん。そのモデルとされている達磨《だるま》大師は、禅宗をはじめた人物です。あるとき達磨大師は、弟子からこう言われました。「私の不安を取り除いてください」。すると大師は「その不安とやらを私の目の前に持ってきなさい」と答えました。

不安は実体のないもので、もちろん目には見えません。大師の言葉によって、その弟子は、いかにちっぽけなものに自分が振り回されていたのか気づいたといいます。

不安をつくり出して怯えるのではなく、今できることに目を向けてみてはいかがでしょう。

大丈夫だよ

平常心【びょうじょうしん】

「いつも通り」が大事

オリンピックなどの大きな大会ですばらしい成績を収めた選手が、次のように口にするのを聞いたことがありませんか。

「普段通り、リラックスして試合に臨めたことがよかったと思います」。

いつでも平常心で、緊張したりせずにいられたら、どんなに心強いことでしょう。

南泉禅師は「平常心是道」と説き、日々の生活を丁寧に積み重ねていくことこそが、悟りの道だと答えました。

日々を生きていると、心が折れそうになるときや報われないと感じることもあるかもしれません。そんなときも、淡々と。心に波風を立てずに、過ごしていきましょう。

自分のペースで

本来無一物

【ほんらいむいちもつ】

失うことに怯えないで

みんなの前で失敗したら、恥ずかしいな。次の仕事がうまくいかなかったら、信頼を失うかも。そんなネガティブな気持ちになることはありませんか。

人は経験とともに、物やお金、評判や人とのつながりなど、いろいろなものを手にしていきます。それと同時に、「失ったらどうしよう」と不安にさいなまれてしまいます。

どんな人も、何も持たずにこの世に生まれてきたのです。そしてときが来れば、何も持たずにこの世から去っていきます。

今、あなたが失いたくない、手放したくないと思っているものは本当に大切なものですか。

もともと何も持ってないよ

両忘【りょうぼう】

決めない自由

善と悪、正と誤、好きと嫌いなど、世の中は二者対立の構造であふれています。

白黒つけたほうが、単純でわかりやすいのかもしれませんが、それによって大切なことを見落としてしまうこともあるでしょう。

二者対立の構造から自由になることを「両忘」と言います。すべてにおいて完璧な善人がいないように、物事にはいろいろな側面があり、安易にこうと決めつけることはできません。

まるのように、自由に。物事にラベルをつけないで、ありのままに見ることができたら、あなたの世界は広がるはずです。

白黒つけない

花枝自短長【かし　おのずからたんちょう】

自分の個性に自信を持って

まるはこれまで、日本のあちこちを旅してきました。季節とともに移り変わる景色と一緒に、たくさんの写真を撮ってきました。

その中でもとくに、満開の桜は、やはり特別なもの。遠くからでは一面ピンク色に見えますが、近づいてみると、枝の一つひとつが違う長さだったり、色づき方が異なったりと、いろいろな個性が集まって、見事な桜の木になっているのがわかります。その枝の違いがバランスとなり、全体が美しく整うのです。

人も同じです。みんな同じでは、つまらない。自分だけの個性に、もっと自信を持って、この人生を謳歌しましょう。

みんな違っていい

まると学ぶ、禅の教え❹

こだわりを手放そう

自分を取り巻く壁を外してみよう。柴犬まるはいつだって自然体。失敗成功とか、良い悪いとか、好き嫌いに惑わされない。こだわりを手放せば、「自分が今やるべきことは何か」に集中できる。

莫妄想

【まくもうぞう】

考えてもしかたない

「あのとき、ああしていればよかったのに」「この先こうなったら、どうしよう」。過去や未来のことを考えて、鬱々《うつうつ》としてしまうことを「妄想にとらわれる」といいます。過去は変えることができないし、未来は予測通りにはいきません。どちらも、思い煩《わずら》ってもしかたのないことです。

妄想に取り憑かれそうになったら、動物たちの姿を思い浮かべてみて。彼らは今のことだけを考え、一生懸命に生きています。

私たちも「今、やるべきことは何か」を考えて、それに集中しましょう。自分から主体的に動くことが、現状を好転していくことにつながるのです。

惑わし？

放下着【ほうげじゃく】

すべて捨て去る

「放下着」とは、すべてを捨ててしまいなさい、ということ。

「ついに悟りを得ることができました。自分にはもう捨てるものがありません。これからどのような修行をしたらいいでしょうか」。

唐の趙州禅師は、修行を重ねた僧からこのように尋ねられたとき、「放下着」と言い放ち、「すべてを捨てたという思いそのものも、捨てなさい」と述べたといいます。

自分が成し遂げたことだけではなく、自己顕示欲である執着心やプライドもすべて捨て去ること。自分自身の「我」を捨て切って物事に挑めば、きっと新しい発見があるはずです。

捨てちゃいなよ

愛語【あいご】

言葉で元気を分け合おう

まるはいつも穏やかな目で人を見て、誰に対しても和やかに接しています。まるに接した人はみな優しい幸せな気持ちになります。自然と周りの人が笑顔になるのです。

愛語とは、思いやりのある優しい言葉をかけること。

道元禅師は、「愛語には人の人生を変えるほどの力がある」と述べました。

人は、言葉によって傷つけられることもあれば、癒されることもあるのです。

私は口下手だから…とためらわなくても大丈夫。巧みな言葉より、心の込もったシンプルな一言のほうが心に届くものです。

優しい言葉を、和やかな表情で伝えましょう。

いつもありがとう

一無位真人
【いちむいのしんにん】

比べちゃダメ

同い年のあの人は、仕事では出世して、プライベートではかわいい家族に囲まれている。それなのに自分は…。ついついほかの人と自分を比べて、落ち込んだり、焦ったりしてしまうことはありませんか。

このとき揺らいでいるのは、世間のモノサシにとらわれた仮の自分。このぐらいの年齢ならこうあるべき、幸せとはこういうもの。そんな価値観で自分を評価して、「ここが足りない」と落ち込んでいるのです。

誰かと比べそうになったときは、立場や地位など、目に見えるものにとらわれないで。真の自分自身、「一無位真人」を意識してみましょう。

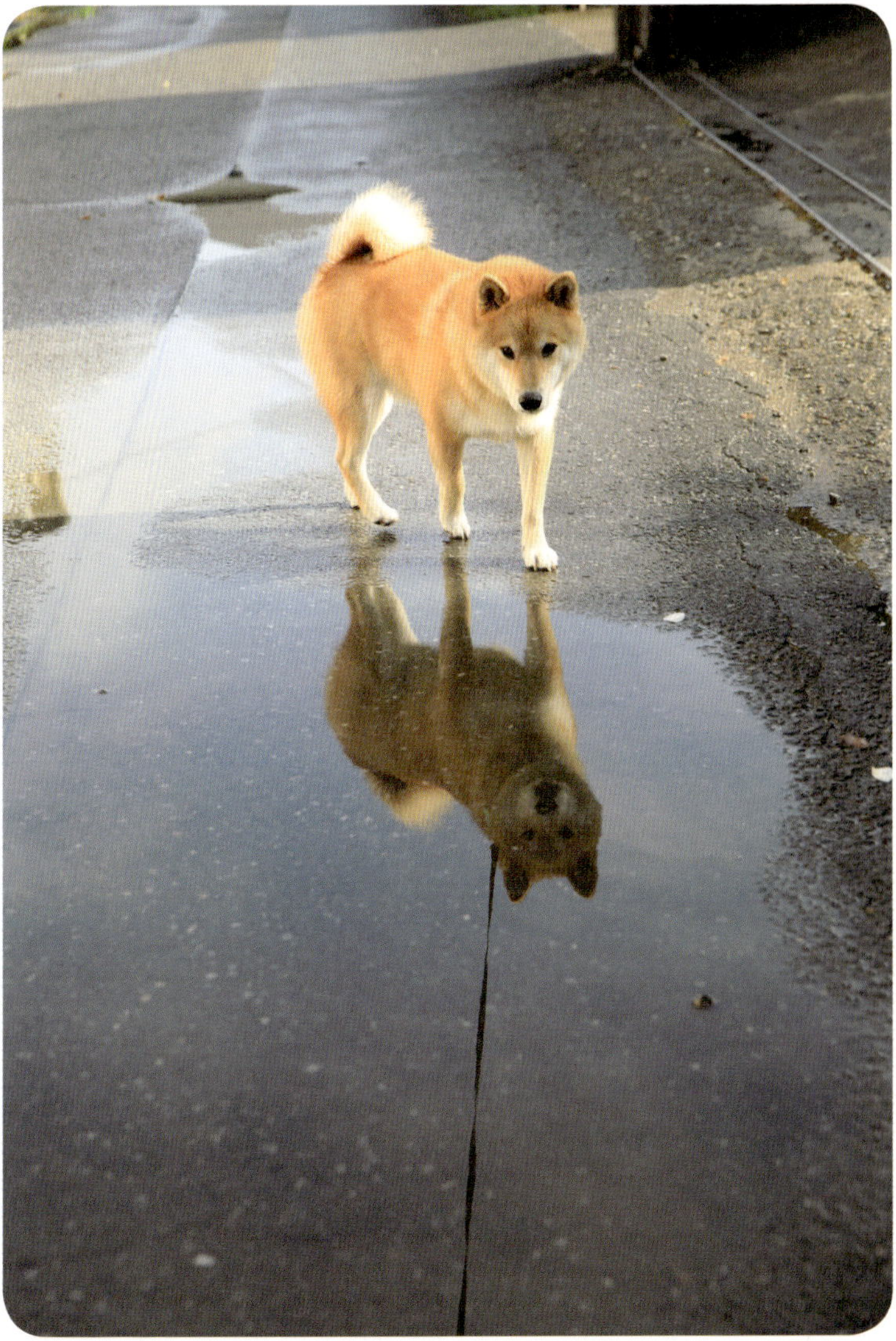

本当の自分

八風吹不動【はっぷうふけどもどうぜず】

風に惑わされないで

人生には、心を惑わせるいろんな風が吹いているといいます。利益を得ること。知らない間に名誉を得ること。褒められること。楽しむこと。損をすること。悪口を言われること。目の前で責められること。苦しい出来事があること。よいことも悪いことも、私たちの心を動揺させることに変わりはなく、それぞれの「風」に過剰に反応していると、心もからだも疲れ切って、自分を見失ってしまいます。

自分に信念がしっかりとあれば、正反対のことを言われても動じないもの。

一つひとつの出来事に振り回されないで、落ち着いた心をキープできるように心がけましょう。

動じない

まると学ぶ、禅の教え❺

自由になればいい

外から見たら大変で不幸せに見えても、不自由かを決めるのは自分自身。信念があれば何を言われても動じない。「我」にとらわれなければ、自分が置かれた場所がどこであっても、自由自在に行動できる。

動物が出てくる禅語 ❸

狸奴白牯却知有

りぬびゃっこをかえってあるをしる

狸奴白牯《りぬびゃっこ》とは、狸《たぬき》や牛などの動物のことです。

中国の唐の時代の禅僧である南泉禅師は、次のように述べたといわれています。

「この世界に『真実のもの』があるということは、仏たちでさえ気づかないが、狸や牛のような畜生のほうがよく知っている」。

私たちは、何かに悩んだり、難しい問題に突き当たったりすると、「動物はいいなあ」などと言うことがあります。動物たちは、言葉を話すことも、深く考えることもなく、日々をとてもシンプルに過ごしているように見えます。動物のように生きることは、簡単なことなのでしょうか。

南泉禅師は、動物たちのほうが大切なことをよく知っている、と述べました。日々をシンプルに、懸命に生きることこそが、本当はとても難しい。しかし、それこそが真実に近づく道なのかもしれません。

ちなみに、先ほど1章のコラムで紹介した趙州和尚は、南泉禅師の弟子だといわれています。

第4章

思い切って、挑戦してみよう

一心不乱【いっしんふらん】

やるぞ！の心意気

大好きな穴掘りをしているとき、特技の遠吠えをしているとき。まるは、とっても集中しています。

一つのことだけに集中し、ほかのことは何も考えないのです。

何かを成し遂げようと思ったときは、よそ見をしている暇はありません。

「うまくいかなかったらどうしよう」「今やっていることより、ほかのことのほうが向いているかも」。

そんな雑念は振り払って、「やるぞ！」と腹をくくりましょう。

ひたむきに集中することで、成し遂げられるのです。

集中して

光陰如矢

【こういんやのごとし】

過去には戻れないから

まるは、今年で11歳。ときが経つのは、本当に早いものです。

あなたが悩んでいる今このときも、時間はあっという間に過ぎていきます。

だからこそ、一瞬一瞬を無駄にしないで。

禅寺には、「ときを惜しんで修行に励みなさい」という教えを込めて、「光陰如矢」と書かれた木板がかけられています。

その木版を木槌で叩いて、ときを知らせているのです。

私たちも日常生活でしてしまった失敗や起こってしまった不幸にいつまでも悩むのはやめましょう。現実を受け止めて、今を明るく生きることができたらいいですね。

あっという間だよ

単刀直入【たんとうちょくにゅう】

勇気を出して、ストレートに

相手に言いづらいことを伝えるとき、さりげなく言おうとするあまり、遠回しな表現でわかりづらくなってしまったり、関係のない話に終始してしまったりすることはありませんか。

話のポイントがぼやけてしまうと、相手は不安を抱き、あなたの真意を読み取ろうとします。それによって、余計な気遣いをさせてしまうことにもなりかねません。

前置きをせず、いきなり本題に入ることを意味する「単刀直入」。言いにくいことを伝えなければならないときこそ、勇気を出して。思ったことを無垢な心で相手に伝えましょう。その方が、相手も構えることなく受け取ってくれるかもしれません。

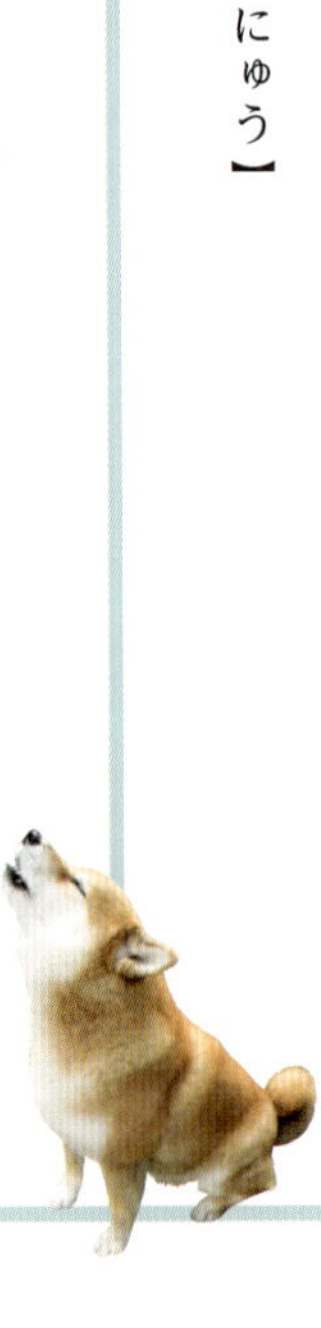

実はさ…

工夫【くふう】

一つのことを極める

あれこれと考えを巡らせて、よりよい方法を見出そうとすることを「工夫」と言いますが、禅では少し異なる意味合いで使われています。精進して修行に励むことを指しているのです。

坐禅は「静の工夫」、掃除などは「動の工夫」といいます。

一つのことに専念し、極めようと取り組む中でこそ、よりよい考えや方法が浮かんでくるのかもしれません。

考えがまとまらないとき、何かが行き詰まっているときは、「工夫」して取り組んでみてはいかがでしょう。

イケる？

まると学ぶ、禅の教え❻

ありのまま受け入れよう

人生では好きとか嫌いじゃなく、今あるものを受け入れてやるしかないことが多いもの。柴犬まるが状況に応じて反射的にすぐ動くように。困っている人を見たら腕まくりして軽やかに動ける人でありたい。

一行三昧

【いちぎょうざんまい】

「ながら作業」をしない

「一行三昧」とは、集中して一つのことだけを行うことです。

遊ぶときは遊ぶことだけを、仕事をするときは仕事のことだけを考えるということです。

最近では、「スマホをしながら○○をする」という機会が増えているかもしれません。

スマホを見ながら食事をしたり、SNSでやりとりをしながら、目の前にいる人と会話したり。二つのことを同時にするのは、一見効率がよさそうですが、結果的にはどちらも記憶に残らず、中途半端に時間を使ってしまうことにもなりかねません。

目の前のことをやり切ってから、次のことをはじめてみましょう。

夢中で食べよう

洗心【せんしん】

心を清める

お寺や神社の入り口には、手や口を清めるための手水舎《ちょうずや》があります。

そこには「心を清めなさい」という意味の「洗心」という言葉が刻まれていることがあります。

目に見えない心を清めるには、どうしたらいいのでしょうか。

深く息を吸い込んで、深呼吸すること。ゆっくりと自分のことを振り返り、反省する時間を持つこと。

あわただしい日々の中、短い時間でも構わないので、立ち止まる時間をつくりましょう。そして、心の中にたまったモヤモヤをキレイさっぱり、リセットしましょう。

キレイさっぱり

即今【そっこん】

大切なのは、今

禅の世界では、「即今」という言葉を大切にしています。「即今」とは「今の一瞬」という意味。

二度とやってこない、今という瞬間を大切に生きなさい、という教えです。

今この瞬間を精一杯生きることが幸せにつながるのです。

過去を悔やんだり、未来の心配をしたりしていると、大切な今を十分に生きることができません。

自分の力で変えることができるのは、今だけです。

脇目も振らず走り回っているとき、まるの目には「今」だけが映っています。

今の一瞬にかける

木鶏子夜に鳴く《もっけいしやになく》

昔、中国では「闘鶏」といって鶏同士を戦わせる競技が流行しました。あるとき、強い鶏を育てる名人のところに、王様がやってきて命令しました。「私のために、強い鶏を育てよ」。名人は命令を受け、鶏を育てはじめました。

「もう、よいのではないか?」「そろそろ戦えるのではないか?」。

数日後、王様は名人のもとを訪れて、催促しました。しかし、名人は「この鶏はまだまだ未熟です」と言って譲りません。

それから数十日も経った後、ようやく名人が鶏を献上しました。「この鶏は、ほかの鶏の声を聞いても、木鶏のように興奮することなく、平然としています。まさに戦うにふさわしい鶏です」。

木鶏とは、木彫りの鶏のことです。木彫りの鶏のように平然と、何事にも動じないことこそが、本当の強さである。どれだけ強くても、鼻にかけることなく人知れず努力を重ねる人こそが優れた人なのです。この言葉は、現代に生きる私たちにも大切なことを教えてくれます。

第5章
いつも、一緒だよ

以心伝心

【いしんでんしん】

言葉にしなくても通じ合う

「言葉にしなくちゃ伝わらない」と言われることがありますが、はたして本当にそうなのでしょうか。

お釈迦様は、あるとき説法の場で、無言のまま一輪の蓮華を差し出しました。その意味を誰も理解できませんでしたが、一人の弟子だけがほほ笑みでそれに応じました。それを見て、お釈迦様はその弟子に仏教の真理を授けたのだそうです。

まるを見ていると、幸せな気持ちになります。まるを見つめる私たちと、笑顔で応えてくれる、まる。

言葉を交わさなくても、気持ちは通じ合っています。

伝わってるよ

阿吽【あうん】

相手の呼吸を感じて

神社や寺院の入り口にある一対の狛犬は、それぞれ口を開けた姿と口を閉じた姿をしています。口を開けて出す「阿」の音と、口を閉じて出す「吽」の音をあわせた「阿吽」は、物事のはじまりと終わりを象徴するものです。また、「阿」は吐く息、「吽」は吸う息のことを表し、自然な呼吸のことを「阿吽」と言うこともあります。

私たちは、二人の息がぴったり合っていることを「阿吽の呼吸」と言います。そんな関係は、一朝一夕にできるものではありません。

相手のことをよく見て、深く理解し合うことから、最高のパートナーシップが生まれるのです。

息ぴったりだね

把手共行

【はしゅきょうこう】

手を取り共に行く

まるにはパパやママのほかに、散歩で出会う友達や、会いに来てくれるファンがたくさんいます。また、日々の成長を見守ってくれるフォロワーたちも。みんなに支えられて、今日のまるがいるのです。世界をまあるい笑顔で満たしたいと思っています。

「把手共行」とは、目標に向けて、ともに手を取り進むことをいいます。

いいときも悪いときも、あなたと一緒に歩んでくれる家族や仲間たちの存在は大変心強いものです。隣に信じる人がいれば、その力は何倍にもなります。

また、それがライバルや競い合う関係だとしても、同じ目標に向かって切磋琢磨することで、自分自身を磨くことができます。共に進む者を大切にしたいものです。

あなたと一緒なら

隻手音声

【せきしゅおんじょう】

常識にとらわれない

柏手《かしわで》を打つと、パチンと音が鳴りますね。それでは、片手だけの音を聞くことができますか。これは禅の公案（問答）です。どうしたら、片手だけで音を鳴らすことができるのでしょうか。

この言葉は、私たちに「思い込みにとらわれないように」というメッセージを与えてくれます。常識ではこうだから。みんなが言っているから。そんなのできっこない。まずは、それらを疑うことからはじめましょう。

まるが口にくわえる棒の長さに怖じけづかないように。私たちもできっこないを超えていくことで、自分の可能性を大きく広げていきましょう。

できっこないを超えていく

喝

【かつ】

自分にエール

坐禅をしている修行者が集中できていないとき、和尚さんが「喝！」と棒（警策《けいさく》）でパシッ。漫画などでおもしろおかしく取り上げられることもあるため、「喝」と言えば、このシーンを思い浮かべる人もいることでしょう。

しかし、この言葉は本来、相手を叱ることだけを意味するのではありません。修行者の迷いを断ち切ったり、気持ちを引き締めたりするときにも使われ、相手への励ましが込められているのです。

何だか元気が出ないとき、後ろ向きな気持ちになってしまうとき、自分へのエールとして「カーツッ」と唱えてみましょう。

ゴロゴロしてないで

まると学ぶ、禅の教え❼

みんなつながっているよ

自分一人でできることは限られている。だから、みんなと手を取り合って一緒にいこう。損得にとらわれずに良いことをしよう。相手を思った言葉や行動はきっと伝わるはず。みんなとつながって、まあるくいこう。

老婆心切

【ろうばしんせつ】

ときには煙たがられても

孫をかわいがるおばあさんのように、無条件で相手のことを慈しみ、手助けする、という意味の禅語です。

現代では「もしかしたらおせっかいかもしれませんが」という意味で、「老婆心ながら」と付け加えることもあります。余計なお世話になっていないかな、と相手を気遣うあまり、どう接したらいいかわからなくなってしまうこともあるかもしれません。おせっかいを焼いて嫌われたくないと、喉まで出かかった言葉をのみ込んでしまうこともあるでしょう。

そんなときも、相手のことを大切に思う純粋な気持ちを忘れずにいたいものです。

育つか心配だよ

丁寧【ていねい】

ちょうどよい心配り

禅の言葉は、「今を大切に、丁寧に生きなさい」というメッセージが込められたものが多くあります。ちょっとした言葉遣いや何気ない振るまいにも気を配れる人には、凛とした気品があり、人を惹きつけます。小さなことにきちんと心配りできるということが、やがて大きな信頼につながっていくのです。

その一方で、「丁寧は君徳を損す」という言葉もあります。これは、あまりに丁寧すぎたり、それを相手に押し付けたりすると、思わぬ反発を受けたり、相手をダメにしてしまうこともあるという戒めです。「丁寧」にも、さじ加減があるのです。

ちょうど良いさじ加減を心がけたいですね。

どうぞお履きください

閑古錐

【かんこすい】

重ねた時間の分だけ

古錐とは、古くなった錐のことです。長年使い込み、古くなった道具には、新品のときにはなかった傷や汚れがあります。道具の性能自体も低下していることでしょう。それなのに、名匠と言われる人たちが、長年使い込んだ道具を自分の分身のように大事に使っているのはなぜでしょう。

それは、新品には出せない「味」や、自分の手になじんだ「感覚」があるからかもしれません。

人も動物も同じです。若ければいいというものではありません。まるも、大人になったからこそそのシブさが出ているかもしれません。

シブさがいいね

維摩一黙

【ゆいまのいちもく】

沈黙を大切に

会話の中で、ちょっとした沈黙が流れることがあります。

そんなとき、「何だか気まずいな」「何でもいいから話さないと」と焦って言葉を探していませんか。沈黙を単なる空白や意味のない〝間〟ととらえていると、つい埋めなければならないと思ってしまいます。

釈迦の弟子の維摩は、仏教で説く法は、言葉で説明ができないということを、何も語ろうとしない態度で示しました。禅の世界では、沈黙も大切なメッセージなのです。

黙っているこの人は、何を伝えようとしているのだろう。そこには、言葉にならない真実が隠れているのかもしれません。

言葉にならない熱い思い

まると学ぶ、禅の教え ❽

君のためだから力が出る

自分のための欲得ではなく、相手が喜んでくれることを目指そう。みんなが喜んでくれるとそれが生き甲斐になる。そして、自分がしてあげたことは忘れて、してもらった感謝は忘れないことが大切。

動物が出てくる禅語 ❺

十牛図

じゅうぎゅうず

中国の禅の入門書『十牛図』には、悟りに至る十の道筋を「牛を探す旅」にたとえた説明図があります。それは、次のようなものです。

1図　尋牛（牛を探す）
2図　見跡（足あとを見つける）
3図　見牛（牛を見つける）
4図　得牛（牛をつかまえる）
5図　牧牛（牛を手なずける）
6図　騎牛帰家（牛に乗って帰る）
7図　忘牛存人（牛を忘れる）
8図　人牛俱忘（すべてを忘れる）
9図　返本還源（元通りとなる）
10図　入鄽垂手（町で人々を導く）

この牛を「本当の自分」や「自分にとっての幸せ」に置き換えてみてください。探し回って、ようやく見つけたと思っても、そこがゴールではありません。迷いや気負いもすべて忘れ、本当の自分をごく自然に出せるようになったとき、まわりの人々と調和して、幸せに生きることができるのかもしれません。

第6章

大丈夫、うまくいくよ

夢
【ゆめ】

現実も夢のようなもの

まるも、夢を見ます。パパに「寝言言ってたよ」と言われてびっくりすることも…。夢って本当に不思議で、おもしろい。

人は夢の中だと、大胆に行動できたり、普段は言えないようなことが言えたりします。目覚めたら消えてしまう世界だからこそ、本当の自分が出せるのかもしれません。

だけどそれは、現実の世界にも言えること。禅では、「この世のすべてのことは夢のようにはかないものだ」と考えます。

現実だって、永遠に続くものではありません。いつかは終わってしまうからこそ、思い切って、望みを叶える一歩を踏み出してみて。

夢みよう

魚行水濁

【うおゆけばみずにごる】

行動が自分を形づくる

魚が泳げば、その場所の水が濁るように、何かをすれば、その痕跡が残ります。たとえまわりにはバレていない悪事でも、なかったことにはできません。必死で隠している本人には、後ろめたい気持ちが残り続けます。

よいことだって同じです。たとえ華々しい成果が出ていなくても、「報われない」なんて投げやりにならないで。あなたの日々の努力や頑張りを見ていてくれる人は、必ずいます。

そして何より、あなたが日々したことが痕跡となって、あなた自身を形づくっているのです。

歩いた道のりは残る

水急不流月

【みずきゅうにしてつきをながさず】

変わらない強さを持つ

どんなに激しい川の流れも、そこに映っている月を流してしまうことはできません。月はずっとそこにあり、静かに輝き続けます。

「月のように流されない、強い自分でありなさい」という禅の教えは、現代に生きる私たちに大切なことを気づかせてくれます。

流行が次々に作り出され、消費されては飽きられる…。めまぐるしく変化する時代の中で、自分を見失いそうになったとき。あなたは何が好き？　どんなふうに生きたい？

川面に映った月の姿をイメージして、自分に問いかけてみましょう。どんなにまわりが変わっても、大切なものはずっと変わらないはず。自分の軸を見失わないで。

まわりに流されないで

まるーと学ぶ、禅の教え❾

しあわせになろう

「私たちは元々何も持っていない」だから、自分のまわりにあるものは、何もいらない。そう考えると一転して見えるものすべてが自分のものになる。朝が来ること、雨が降ること何が起きてもハッピー。

無功徳【むくどく】

ご利益は求めない

何かをしたら、見返りがあるのが当然という気持ちでいると、相手が思い通りの反応をしなかったときにストレスがたまり、人との関係がギクシャクしてしまいます。

禅宗をはじめた達磨大師は中国の武帝から「私の善行にはどんなご利益があるか」と尋ねられたときに、「何もご利益はない（無功徳）」と突き放したといいます。

私たちは神仏に願うときも、ご利益を期待します。ですがその信仰は本物ではないと達磨は言います。見返りを求めずに信じれば、心に本当の功徳が満ちます。

いつもありがたいと思って生きれば、自分の身に起こるよいことや悪いことでさえ感謝の気持ちを持って受け止め、生きることができるのです。

見返りは期待しないで

明珠在掌

【みょうじゅ　たなごころにあり】

宝物は掌の中にある

もっとお金があったら、欲しいものが買えるのに。あの人のような才能があったら、キラキラした毎日を送れるはずなのに。持っていないもののことばかり考えて、満たされない気持ちになったり、自分は不幸せだと感じたりしていませんか。

そんなときは、自分の掌を見つめてみて。「明珠」つまり大切な宝物は、外に求めることなくあなたの内《うち》にあることに気づくことです。

まるは、家族が大好き。散歩が大好き。家族と一緒に散歩をしたり、毎日ごはんを食べられたりすることが、とっても幸せ。

こんな幸せが続いたらいいいな。今ある幸せに気づいているまるは、いつだって笑顔です。

宝物はここにある

自灯明

【じとうみょう】

自分の道は自分で照らす

私たちのまわりには、教え導いてくれる人生の先輩がたくさんいます。親や先生は、ときに優しく、ときに厳しくあなたに接し、生きるために必要なことを教えてくれたでしょう。あなたが困らないようにと、困難に陥る前に、原因を取り除いてくれる親切な人もいたかもしれません。しかし、あなたの人生はあなたのもの。まわりから与えられているだけで、本当にいいのでしょうか。

自灯明とは、「自分自身を灯火にしよう」という禅の言葉です。どんな人にも自分の人生を自分の力で生きてゆける力があるのです。他のものに依存することなく、自分の道を自分で照らしながら、歩いていきましょう。

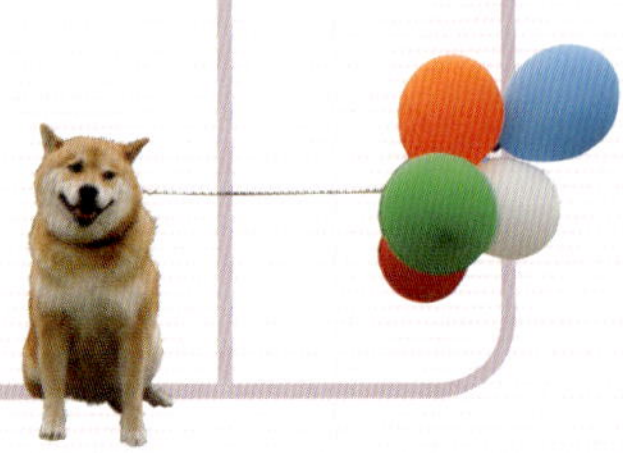

自分を信じて

○（円相）【えんそう】

心にまるの笑顔を

円には、はじまりも終わりもありません。ぐるぐる、ぐるぐる…。無限に循環するこの形は、真理や悟りの象徴だと言われています。

春が終わったかと思えば、夏が来ます。秋と冬が終わればまた、桜が色づきはじめます。この世界も、巡っているのです。それは、人との関係も同じ。今日別れたあの人とも、どこかでまた、出会えるはず。この世を去ったあの人の思いは、消えることなく次の世代に引き継がれます。そして命は巡り、新しい輝きを見せてくれます。

あなたがもし今、辛い気持ちでいるのなら、まるの笑顔を思い浮かべてみてください。まるの笑顔は、まあるい笑顔。

まあるく、いこう

まると学ぶ、禅の教え⑩

いつか愛しさに変わる

世の中は自分の思い通りにならない「苦」ばかり。相手の心に気づいたら、すべてのことが愛しさに変わっていく。同じことでも気づくか気づかないかで見え方が違う。すべては自分の心の在り方一つ。

禅語について

禅宗は仏教の一つで、修行では坐禅・作務などの実践を通して精神を統一することに重きを置いている。「自分で体験してわかる、理解する、実感する」ことを重視しており、真実を悟ることに精進し、真実を体現することを主題としている。禅者は真実の自己に目覚めることを目指しており、禅の語録や逸話の中から禅について端的に表した言葉を「禅語」としている。

まるについて

2007年10月20日生まれ。標準的な柴犬よりも少し大きい18キロ。自宅近くのペットショップで小野夫妻と出会い、クリスマスイブの日に小野家の一員となる。2011年3月11日の震災後、「かわいい犬の写真でみんなを元気づけたい」と小野氏がまるの写真を公開したところ、インスタグラムのフォロワーが250万人を超え、犬部門日本1位に輝いた。海外にもファンが多い。好物はりんご、趣味は穴掘り、特技は遠吠え。

監修

武山廣道（たけやま こうどう）

1953年生まれ。73年、正眼専門道場入門。天下の鬼叢林（おにそうりん）といわれた正眼僧堂にて多年修行。96年4月、白林寺住職に就任。2011年3月、全国宗務所長会会長就任。12年、臨済宗妙心寺派宗議会議員・名古屋禅センター長・文化センター講師など宗門の興隆に勤しむ。監修書に『心があったまる般若心経』『禅語エッセイ』『くり返し読みたい禅語』『お寺の教えで心が整う禅に学ぶ 台所しごと』『はじめて読む禅語』『すみっコぐらしの毎日がしあわせになる禅語』『しあわせはいつもそばに』（以上、すべてリベラル社）などがある。

写真

小野慎二郎（おの しんじろう）

1973年、東京都生まれ。外資系ハードウエアベンダーのマーケティング部にて日本のコンシューマ市場を担当。その後ネット系ベンチャー企業に経営参画、SNSサービスについてのノウハウを学ぶ。現在はマーケティングコンサルタントとして独立。2011年から毎日欠かさずインスタグラムで愛犬・まるの写真をアップし、フォロワー250万人を超える人気アカウントに成長。好きな食べものは生姜焼き定食、座右の銘は「継続は力なり」、渦巻きは内側から描く派。

Instagram @marutaro

[参考文献]

日本の名僧名言集（講談社）／名僧百言（祥伝社）／名僧名言辞典（東京堂出版）／名僧「100文字」の教え（三笠書房）／人生の問題がすっと解決する 名僧の一言（三笠書房）／ 心のルネッサンス！名僧、101の名言（成美堂出版）他

監修　武山廣道
写真　小野慎二郎
デザイン　宮下ヨシヲ（サイフォン・グラフィカ）
DTP　渡辺靖子（リベラル社）
編集　伊藤光恵・堀友香（リベラル社）
営業　青木ちはる（リベラル社）

編集部　上島俊秀・山田吉之・高清水純
営業部　津村卓・津田滋春・廣田修・榎正樹・澤順二・大野勝司

柴犬まるのまる禅語

2018年11月27日　初版

発行者　隅田直樹
発行所　株式会社 リベラル社
〒460-0008　名古屋市中区栄3-7-9 新鏡栄ビル8F
TEL 052-261-9101　FAX 052-261-9134
http://liberalsya.com

発　売　株式会社 星雲社
〒112-0005　東京都文京区水道1-3-30
TEL 03-3868-3275

 ISBN978-4-434-25402-4